ÉLOGE FUNÈBRE

DE Mgr LOUIS-CHARLES

DU PLESSIS D'ARGENTRÉ

ANCIEN ÉVÊQUE DE LIMOGES

PRONONCÉ LE 16 MAI 1876

EN LA CÉRÉMONIE DE LA TRANSLATION DE SES RESTES

PAR

M. LE CHANOINE J.-P. LECLERC

ARCHIPRÊTRE ET THÉOLOGAL DE LA CATHÉDRALE DE LIMOGES
CHANOINE HONORAIRE DE TULLE

LIMOGES

IMPRIMERIE DE CHAPOULAUD FRÈRES
Rue Montant-Manigne, 7
— A PARIS, 15, RUE DU PARC-ROYAL —

1876

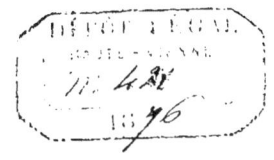

ÉLOGE FUNÈBRE
DE Mgr LOUIS-CHARLES
DU PLESSIS D'ARGENTRÉ
ÉVÊQUE DE LIMOGES

> « Ossa quoque Joseph, quæ tulerant filii Israël de Ægypto, sepelierunt in Sichem, in parte agri quem emerat Jacob a filiis Hemor... centum novellis ovibus ; et fuit in possessionem filiorum Joseph. » (Josué, XXIV, 32.)
>
> « Après avoir rapporté d'Egypte les os de Joseph, les Israélites les ensevelirent à Sichem, dans cette partie du champ que Jacob avait acheté des fils d'Hémor moyennant cent brebis, et qui resta la propriété des enfants de Joseph. »

MONSEIGNEUR,

La cérémonie antique et grandiose racontée au livre de Josué me revient en mémoire au moment de célébrer le triomphe funèbre que vous décernez à votre Frère aîné dans le pontificat.

Comme Joseph, en effet, Mgr d'Argentré était mort sur

la terre étrangère; ses ossements, privés de la sépulture de famille, reposaient en un lieu où les larmes d'Israël ne pouvaient venir les rafraîchir : il convenait de les ramener au sépulcre des ancêtres : *sepelierunt ossa Joseph in Sichem ;* dans la partie même du champ conquis par les labeurs de Martial : *in parte agri quem emerat Jacob a filiis Hemor.* Pour assurer la possession d'un tombeau à sa race, Jacob avait dû le payer de la blanche toison de ses jeunes brebis : le même droit coûta plus cher à Martial, et ses conquêtes spirituelles ne purent être conservées que par le sang de plusieurs générations de martyrs, à la tête desquels nous saluons la vierge Valérie, *quem emerat Jacob a filiis Hemor centum novellis ovibus.*

Oui, il fallait ramener le corps du Frère exilé auprès du corps de ses Frères défunts, et le mettre en possession de cette dernière demeure, qui, espérons-le, ne lui sera plus disputée : *et fuit in possessionem filiorum Joseph.*

L'œuvre religieuse et patriotique est accomplie; mais, avant de sceller sur ces restes vénérables la pierre de la crypte sacrée, il convient de se demander dans quels desseins de la Providence les honneurs ecclésiastiques leur ont manqué si longtemps; pourquoi le Pontife fut contraint de quitter le sol de la patrie pour aller mourir en exil; pourquoi, dès avant le trépas, sa tête fut sans couronne et sa main sans bâton pastoral ; enfin pourquoi l'anneau de son indissoluble alliance avec l'Église de Limoges fut prématurément brisé.

Questions mélancoliques et graves, auxquelles il faut que je réponde! Pour en trouver la solution, je devrai porter tour à tour mes regards sur la cité de Dieu et sur la cité du monde, pour en étudier les rapports réciproques;

sur l'Église et sur l'État, pour en constater les droits et les prérogatives respectifs. Dans notre marche, nous rencontrerons à chaque pas la Providence, qui conduit les événements tantôt avec force, tantôt avec suavité; nous verrons passer la Justice, qui frappe, la Miséricorde, qui pardonne, la Paix, qui réédifie sur les ruines! et ce spectacle imposant nous sera donné au sein de notre patrie, et, dans la patrie, au sein de notre diocèse, et, dans notre diocèse, en la personne d'un de ses plus illustres Evêques!

Était-ce bien à moi de prendre la parole dans cette circonstance solennelle?

Vos yeux comme vos cœurs se portent instinctivement vers celui dont les lèvres eussent suffi à ce grand sujet; mais, puisque j'ai eu la témérité d'obéir, j'invoque pour excuse mon titre de membre d'un Chapitre qui s'est constamment distingué par la vénération et le dévouement dont il environne ses évêques; et, puisqu'en ce jour à côté du panégyriste il fallait un avocat, je n'ai pas cru pouvoir me récuser.

J'invoque donc, avec l'assistance du Prince des pasteurs, l'appui de votre bienveillance, pendant que je présenterai à votre admiration le *pontificat*, l'*exil* et la *mort* de l'illustrissime et révérendissime seigneur en Dieu Louis-Charles du Plessis d'Argentré, évêque de Limoges.

I.

Le nom des d'Argentré est un des plus anciens et aujourd'hui encore un des plus illustres de la Bretagne : parmi ceux qui l'ont porté, plusieurs en ont accrû le lustre par des services considérables rendus à l'État ; mais il n'en est pas qui l'aient honoré plus que les trois évêques qui brillèrent dans l'Église au xviiie siècle : Charles d'Argentré, évêque de Tulle, l'un des plus distingués théologiens de son temps, et ses deux neveux Jean-Baptiste d'Argentré, évêque de Séez, et Louis-Charles d'Argentré, évêque de Limoges, dont nous entreprenons l'éloge funèbre.

Louis-Charles naquit, le 10 juin 1723, au château du Plessis, en la paroisse d'Argentré, au diocèse de Rennes. Ce que fut son enfance, ce que furent les premières années de sa jeunesse, nous aimerions à vous le raconter si quelque témoignage nous en était resté ; mais, à en juger par la précocité de sa vertu et par le courage qu'il mit à suivre sa vocation, ne pouvons-nous pas affirmer que la famille au sein de laquelle il grandissait était profondément chrétienne? Oui, cet enfant dut avoir sous les yeux la majesté protectrice et l'exemple tutélaire d'un père respectable et respecté, la piété naïve et la chaude tendresse d'une mère favorisant dans l'âme de son fils l'éclosion des dons de Dieu ; et, de même qu'une fleur emprunte au sol qui la porte et à l'air qui la baigne l'éclat de sa couleur et la suavité de son parfum, ainsi Charles-Louis aspirait au foyer domestique l'influence de ces vertus pénétrantes qui marquent d'un indélébile cachet l'homme moral, et le préparait, lui, à répondre à la vocation qu'il se sentait vers l'état ecclésiastique.

C'est, en effet, la gloire des grandes familles d'autrefois de n'avoir pas disputé à l'Église leurs enfants : aussi se rencontrait-il que, en paraissant faire un sacrifice, elles servaient leurs propres intérêts : le fils qui entrait dans le sanctuaire restait moralement au milieu des siens, et, comme un sel qui préserve, il les protégeait contre de nombreuses défaillances. De plus, il était, entre les hautes classes, d'où il sortait, et les classes inférieures, vers lesquelles il s'inclinait volontairement, un trait-d'union qu'on n'a pas encore remplacé.

Après des études qui dûrent être brillantes, nous rencontrons le jeune Charles-Louis à la Sorbonne de Paris. Cette grande institution brillait alors d'un vif éclat, et donnait à l'Église de France de savants docteurs. Ses études théologiques terminées, notre abbé ne tarde pas à conquérir le titre de prieur, et son mérite devient bientôt si éclatant que, avant d'avoir atteint sa trentième année, il est nommé grand-vicaire de l'évêque de Poitiers et official primatial de Bordeaux (1).

Sur ces entrefaites, ayant à donner à son petit-fils, le duc de Bourgogne, un précepteur, Louis XV porta son choix sur Mgr de Coëtlosquet, évêque de Limoges, et parent de l'abbé d'Argentré. Ce prélat distingué ayant accepté cette charge, le Roi ne crut pas pouvoir lui donner un plus digne successeur qu'en désignant au Pape l'abbé Charles-Louis d'Argentré. Pour témoigner du grand cas qu'il faisait du nouveau Pontife, Louis XV voulut que la cérémonie du sacre eût lieu dans sa chapelle, à Versailles, et il lui fit cadeau de l'anneau épiscopal. Le Prélat consécrateur fut Mgr de Coëtlosquet : Élie plaça ainsi son manteau sur les épaules d'Élisée (2).

---

(1) DUTEMPS, *le Clergé de France*, T. III, p. 26, art. *Limoges*.
(2) *Mémoires du duc de Luynes.*

La consécration épiscopale à peine reçue, le nouveau Prélat n'a plus qu'un désir, celui de se hâter vers l'Épouse mystique avec laquelle il vient de contracter alliance. Son Église, de son côté, fière autant que reconnaissante de cet empressement, fait un triomphe de sa prise de possession, et Limoges se livre à des réjouissances publiques dont des vieillards récemment décédés aimaient à redire l'enthousiasme.

Dès le 18 mars 1759, Monseigneur se rend à Limoges, et prend possession de son siége en la fête de saint Joseph. Le 20 du même mois, il prend possession, à l'abbaye de Saint-Martial, de la place réservée aux Évêques de Limoges, et en fait autant dans les autres Chapitres.

Aussitôt, n'écoutant que son zèle, Mgr d'Argentré s'empresse de faire la visite générale de son diocèse : « Nous avons regardé, écrit-il, dès le commencement de notre épiscopat, N. T.-C. F., comme un des principaux devoirs de notre ministère, l'obligation où nous sommes de visiter et connaître par nous-même le troupeau que la divine Providence nous a confié... ».

Dans ses visites, rien n'échappe aux regards du Pontife ; tous les obstacles cèdent devant sa charité et sous l'action puissante de sa parole : « Le Seigneur a versé ses bénédictions sur nos premiers travaux. Nous avons la consolation de voir, dans la plupart des paroisses, les temples réparés, les autels mieux ornés, les offices divins célébrés avec plus de décence, plusieurs superstitions retranchées ou abolies, la paix et l'union revivre dans les familles où régnaient la discorde et des haines invétérées ; en sorte que nous pouvons nous rendre ce témoignage que notre présence parmi vous n'a pas été inutile et sans fruits (1). »

Plusieurs fois Mᵍʳ d'Argentré a l'occasion d'annoncer aux fidèles que le trésor des indulgences leur est ouvert : il ne le fait jamais sans parler du Saint-Père avec le plus filial dévouement. Ecoutez comme il s'exprime à l'occasion du jubilé accordé pour l'exaltation de Clément XIV : « Cette indulgence salutaire nous est accordée par le Souverain-Pontife, à qui, dans la personne de Pierre, dont il est le successeur, les clefs du royaume des cieux ont été confiées, avec la puissance de lier et de délier pour l'avantage spirituel et la sanctification des fidèles ».

Dans toutes les circonstances graves, le Prélat prend la plume, et fait toucher du doigt les enseignements qu'il faut tirer *de la mort des rois et des princes, — de la destruction des biens de la terre, — du succès ou de l'insuccès de nos armes nationales.* Chacune de ses œuvres est marquée au coin d'une connaissance approfondie des divines Écritures, et ses lettres pastorales sont comme un tissu formé avec les paroles mêmes de l'Esprit-Saint.

L'illustre Prélat ne parlait pas avec moins de distinction : dans ses tournées pastorales, il se réservait ordinairement la parole, et les historiens ont retenu que, aux Ostensions de 1771, il voulut prêcher lui-même à l'ouverture et à la clôture des grandes fêtes, tant à Limoges qu'à Saint-Léonard.

Cette vie active et féconde du jeune Évêque dès les pre-

---

(1) *Thess.*, II, 1.

miers temps de son pontificat n'était pas du goût des ennemis de la religion : leur haine ne chercha plus à se dissimuler lorsqu'il se fut déclaré ouvertement l'ami et le défenseur des Ordres religieux, et en particulier des Pères de la Compagnie de Jésus. Les Jansénistes ne lui pardonnèrent jamais et l'accueil honorable et empressé qu'il fit à Mgr de Beaumont, archevêque de Paris, « chassé de son siége à cause de son zèle à défendre la saine doctrine (1) », et la démarche qu'il fit auprès de Louis XV pour empêcher l'expulsion du sol de la patrie de cinq religieux Jésuites.

Les gens de bien, au contraire, saluaient ce début d'un épiscopat qui faisait pressentir tant de bienfaits ; et, en 1765, Mgr d'Argentré fut député par la province de Bourges à l'Assemblée générale du Clergé de France. Le Roi lui-même voulut récompenser cette conduite véritablement épiscopale en accordant à l'Évêque de Limoges plusieurs abbayes importantes.

Ce fut à cette munificence qu'il dut de pouvoir doter sa ville épiscopale d'un magnifique monument, en bâtissant, avec le concours de notre compatriote l'architecte Brousseaud, le splendide palais des Évêques de Limoges. C'est le 13 mars 1766 qu'il fit la pose de la première pierre, et, sur l'inscription qu'elle portait, il eut soin de déclarer que ce grand ouvrage, avec les dépenses qu'il entraînait pour l'établissement des jardins et des terrasses, était entrepris non-seulement pour lui, mais pour honorer ses successeurs et embellir sa ville épiscopale : « *Sibi, successoribus suis,*

---

(1) Dom PLAINE.

ac civitati Lemovicensi, primum palatii episcopalis lapidem posuit ».

Aucun effort personnel ne lui coûta : il alla jusqu'à Paris intéresser le Roi à son œuvre, et, muni des secours qu'il en obtint, « il fit travailler à toute force » (1).

Certes, M. F., ce n'est pas à Limoges qu'il est besoin de justifier cette œuvre magistrale. Quant à ceux qui voudraient toujours Jésus-Christ à Bethléem et les évêques dans les catacombes, il est bien évident qu'ils ne sauraient pas plus comprendre Mgr d'Argentré dans son palais épiscopal qu'ils ne comprennent le Pape au Quirinal ou au Vatican ! Répétons donc, sans vouloir entendre des objections puériles, ces belles paroles de Mgr Duquesnay : « Après le temple, qui est par excellence la maison de Dieu et du peuple, et qui, à cause de cela, doit tout surpasser en grandeur et en magnificence, le palais de l'Évêque doit avoir également son caractère et comme sa marque propre qui le distingue d'une maison profane et vulgaire. Honneur donc et reconnaissance à l'Évêque qui a si bien compris et si magnifiquement réalisé ce programme tout catholique ! »

Honneur d'autant plus, que Mgr d'Argentré méditait depuis longtemps et avait préparé l'achèvement de la cathédrale, qu'il eût assurément mené à bonne fin si les premiers événements de la Révolution n'étaient venus l'arracher à ses glorieux labeurs !

Ici, M. T.-C. F., suspendons notre marche pour revenir

---

(1) LEGROS.

sur nos pas, et constater ce que fut dans la discipline le Prélat que nous venons d'admirer dans les œuvres. En 1766, un décret royal avait institué une Commission dite des Réguliers, composée d'évêques et de magistrats ; elle avait pour mission de réformer les Ordres religieux chez lesquels la discipline avait fléchi : au lieu de cela, elle se prêta aux convoitises cupides du fisc royal, et commença sans pudeur la destruction que devait bientôt consommer la Révolution.

Non-seulement Mgr d'Argentré, malgré ses relations étroites avec la Cour, ne fit pas partie de cette Commission, mais il s'en déclara l'adversaire résolu ; et, de même qu'il avait pris la défense des Jésuites opprimés, il se fit l'avocat des Franciscains, qui, à eux seuls, comptaient plus du tiers des couvents et des religieux du royaume (1), et sur lesquels « la philosophie du XVIIIe siècle avait déversé toutes ses railleries amères, ses déclamations emportées, ses calomnies les plus atroces (2) ».

Quand il s'agit en particulier des Cordeliers, l'Evêque de Limoges ne put se résigner qu'à la suppression de ceux de Saint-Project, et encore en donna-t-il la raison : « C'est que, habitant un pays trop désert, ils sont exposés à être assassinés, et n'ont eu jusqu'à présent pour sauvegarde que leur misère ». Quant aux cinq autres maisons, il en revendique énergiquement la conservation, en les déclarant aussi « utiles aux villes qu'aux campagnes ».

---

(1) GÉRIN, *Etudes historiques.*
(2) LAMBERT, *Apologie de l'état religieux,* 1778.

Mais ici on nous arrête dans notre admiration pour nous objecter, contre le Prélat, la suppression de l'abbaye de Grandmont. Je pourrais, M. F., passer outre, me bornant à répondre que, en provoquant la dissolution de cet Ordre, Mgr l'Évêque de Limoges restait dans l'exercice légitime de ses fonctions ; qu'il jugeait sur des données qui nous échappent aujourd'hui, et que, le Souverain-Pontife ayant prononcé de son autorité ladite suppression, la cause reste vidée pour des catholiques. Mais il ne me déplaît pas d'approfondir le débat, en émettant devant vous quelques principes qui aideront à élucider la question.

L'existence des religieux en général est nécessaire à la vie pleine de l'Église : à côté du précepte, le conseil a toujours existé, et à côté du clergé séculier on a toujours constaté, sous une forme ou sous une autre, l'existence du clergé régulier. Un arbre, pour vivre, n'a rigoureusement besoin que de son tronc, de ses racines et de ses branches; mais il n'est dans sa splendeur entière que lorsqu'il est orné de la parure de son feuillage et de la féconde richesse de ses fruits. L'arbre, ses feuilles, ses fruits, sont un seul arbre : le clergé séculier, le clergé régulier, sont un même sacerdoce, le sacerdoce de Jésus-Christ. Mais, de même que le ver peut atteindre le bois le plus incorruptible, et les insectes piquer le fruit le plus savoureux ou altérer la fleur la plus odoriférante, ainsi, à travers les siècles, les éléments dissolvants que possède le monde peuvent, momentanément, partiellement atteindre le sacerdoce. Dans ce cas, où sera le remède ? Saint Paul va nous répondre : « *Posuit episcopos regere ecclesiam Dei* ». Ce sont les évêques qui, de concert avec leur Chef, possèdent l'autorité disciplinaire qui redresse et qui guérit... Oui, l'Église traverse le monde avec nous et pour nous : est-il étonnant dès-lors que quelque poussière puisse tomber sur sa blanche robe? Ses cadres sont formés par des hommes : est-il étonnant qu'elle ne soit pas entièrement inaccessible aux faiblesses de l'humanité? Ah ! les blessures qui lui viennent de ses propres membres ne sont pas seulement les plus douloureuses : elles sont les plus funestes ; et, pendant que la persécution et le sang mettent en vue sa force et en relief sa beauté, la chute d'un prêtre, la prévarication d'un religieux, l'irrégularité d'un monastère, lui coûtent plus de larmes que vingt batailles meurtrières. Heureusement elle a le privilége divin de se réformer, et, loin de mourir, comme on pourrait le craindre, de pareilles défaillances, elle se redresse tout à coup, elle secoue son manteau, elle marche ! Déjà les apostats, les schismatiques, les hérétiques, ne sont plus ; les impurs étouffent dans la fange... : elle reste *l'Épouse sans tache ni ride, toujours sainte, toujours immaculée* (1).

Eh bien ! M. F., ce principe admis que l'Évêque est dans son diocèse le gardien de la discipline ; que, de par Dieu et de par l'Église, il est le surveillant autorisé du clergé séculier, et, dans des limites déterminées, du clergé régulier, revenons à Mgr d'Argentré et à l'abbaye de Grandmont. Les sentiments du prélat ne peuvent être suspects à l'endroit des religieux en général : il possède plusieurs Ordres dans son diocèse, il en appelle de nouveaux, et il est le protecteur de tous. Dans la lutte qui s'ouvrit au XVIIIe siècle, loin d'entrer dans les rangs des destructeurs,

---

(1) *Eph.*, C. II, v. 27.

il s'affirma, non sans péril, comme le champion des plus attaqués et des moins populaires. Ses intentions seront-elles moins droites quand il s'agira de Grandmont? Mais cette illustre abbaye avait été, dès le début, placée sur la liste de suppression par la Commission des Réguliers. Si elle ne fut, en effet, sacrifiée que près de six ans après, d'aucuns prétendent qu'elle dut cet atermoiement à l'influence de Mgr d'Argentré. Et, sans prendre à la lettre les exagérations dites et écrites sur les abus et les désordres attribués aux religieux de Grandmont, il est difficile de ne pas avouer qu'ils avaient besoin de réformes. Dès 1758, le Roi, par un édit, en avait tenté une sans succès. En 1769, des lettres-patentes du Roi attestent que le Chapitre général de l'abbaye de Grandmont avait déclaré que, « vu le petit nombre des religieux [1], leur âge, leurs infirmités et la manière de vivre du plus grand nombre d'entre eux, ils ne pouvaient pratiquer la règle de Saint-Étienne, ni conformément à son institut primitif, ni en s'en tenant aux seules mitigations approuvées par le Saint-Siége ; que, en conséquence, ils avaient prié Sa Majesté de les dispenser, préférant tel parti qu'il lui plairait de prendre à leur égard à une réforme que les religieux ne jugent pas possible, et à un état qu'ils ne prévoient pas devoir durer longtemps [2] ».

---

(1) A la suppression, il y avait soixante-huit religieux répartis entre vingt-trois monastères ; l'abbaye de Grandmont en possédait neuf, en comptant l'abbé.

(2) Extrait des lettres-patentes données à Versailles, le 26 février 1769.

Ils ajoutaient ces paroles, citées dans une autre pièce : « Que, si Sa Majesté ne jugeait pas à propos de leur laisser continuer leur vie ordinaire, elle voulût bien qu'ils rentrassent sous la juridiction des évêques diocésains, pour être gouvernés par eux suivant la règle qu'ils observaient (1) ».

Ce fut alors que, tous les efforts de restauration ayant échoué, sur la demande du Roi, collateur de l'abbaye, à la requête de l'Évêque de Limoges sans doute, mais après le procès fait et instruit par l'Archevêque de Bourges, délégué du Saint-Siége, qui concluait à la suppression, le pape Clément XIV, invoquant sa pleine autorité, *auctoritate nostra*, après avoir constaté la ruine de la discipline régulière à Grandmont : *Disciplina regularis penitus collapsa, seu potius extincta,* et pour protéger cette même discipline dans l'avenir : *Regularis disciplinæ lapsum supportari non patimur,* lança la bulle d'extinction et de suppression de l'abbaye et de tout l'Ordre de Grandmont, en appliquant à la mense épiscopale les revenus des biens situés dans le diocèse, et stipulant toutefois des conditions qui garantissaient tous les droits acquis (2).

Maintenant, M. F., que vous semble-t-il du reproche, fait à Mgr d'Argentré, d'avoir supprimé l'abbaye de Grandmont ? « Rien n'est immuable, si ce n'est Dieu », disait le

---

(1) Extrait du registre du Conseil d'Etat, le 22 juin 1771.

(2) Le dernier abbé général n'étant mort qu'en 1787, le 12 avril, ce n'est qu'à cette époque que la bulle du Saint-Père a reçu son exécution.

Pape dans sa bulle. L'ordre de Grandmont, après un grand éclat, a eu sa décadence, et a dû disparaître comme tant d'autres ; le Roi, l'Évêque de Limoges, l'Archevêque de Bourges, le Pape enfin, ont prononcé sa suppression. Ce n'est pas la violence, c'est l'autorité compétente qui a parlé : qui osera discuter la sentence ?

Mais Mgr d'Argentré a bénéficié de cette suppression, et les revenus de Grandmont sont allés à sa mense ! Où vouliez-vous qu'ils allassent ? Au fisc peut-être ? Les biens de l'Église vont à l'Église : le chemin est tracé par le droit-canon et par la bulle du Pape. Mgr d'Argentré a usé noblement de ce surcroît de rentes pour sa cathédrale, son évêché et ses églises pauvres. Quant au trésor spirituel, les reliques, distribuées avec intelligence, ont enrichi nos sanctuaires. Où trouverez-vous un reproche qui ne remonte au Pape ?

C'est que, en effet, dit-on, Clément XIV était faible ! Ah ! voilà bien le dernier mot de l'esprit de parti ! La passion ne veut pas se soumettre à l'évidence des faits, et, fallût-il, pour le besoin de la cause, donner à un pape un brevet d'ignorance ou de pusillanimité, elle ne s'arrêtera pas ! Nous ne saurions avoir ce triste courage, et, dans une matière disciplinaire comme dans la foi et les mœurs, nous aimons mieux dire : « Rome a parlé, la cause est finie ! *Roma locuta est : causa finita est !* »

Achevez donc, ô saint Prélat, vos grandes œuvres. Malgré les contradictions inséparables des efforts pour le bien, bâtissez le grand couvent de la Visitation, dotez votre ville épiscopale des Sœurs de la Charité, répandez à flots vos aumônes, faites distribuer jusqu'à 10,000 livres à l'occasion du terrible incendie de 1791 ; hâtez-vous, hâtez-vous ! car j'aperçois les premiers éclairs, car j'entends les premiers coups du tonnerre précurseur de l'orage. Vous avez été grand dans la prospérité, vous ne le serez pas moins dans les épreuves qui vous attendent.

II.

Les États généraux, qui venaient d'être convoqués, allaient en effet, M. F., donner au diocèse de Limoges l'occasion de manifester en quelle estime il avait le Prélat qui le gouvernait avec tant de zèle et tant de sagesse : le peuple de la circonscription administrative du Limousin n'eut garde de la manquer ; et, quand il fallut choisir un député, les voix se réunirent sur Mgr d'Argentré.

Le Prélat ne pouvant refuser son dévouement, il se rendit à l'Assemblée. Dès le début, ses conseils et ses votes furent acquis aux propositions qui favorisaient de sages réformes, et ses discours combattirent ouvertement les doctrines pernicieuses avec lesquelles de coupables novateurs voulaient bouleverser la société et détruire l'Église.

Ce fut surtout en face de la Constitution civile du clergé que notre Évêque se révéla tout entier. « Le point le plus hétérodoxe de cette loi inique consistait, vous le savez, à imposer une rupture avec la papauté comme centre de toute juridiction, et à ne laisser subsister de l'Église de France à celle de Rome qu'une communion de pure civilité, qui attestait la profession d'un même symbole, mais non des rapports de subordination. C'était un schisme formel (1). »

---

(1) P. CAUSSETTE, *Vie de Mgr d'Astros.*

Mais, sous l'influence d'un enseignement qui, depuis 1682, semblait s'appliquer à contester les prérogatives du Saint-Siége et à poser des limites à sa puissance, les esprits, par une progression insensible, avaient été amenés, sous prétexte de liberté gallicane, à laisser dépouiller le successeur de saint Pierre de ses droits les plus sacrés. Aussi, lorsque fut promulguée la célèbre Constitution, y eut-il un moment d'incertitude cruelle : quatre évêques, un plus grand nombre de prêtres, osèrent prêter ce serment abominable. Mgr d'Argentré ne connut pas d'incertitudes : il signa des premiers l'exposition des principes que les évêques de France rédigèrent en réponse à la loi schismatique, et déclara que, pour sa part, nulle autorité temporelle ne saurait l'arracher de son siége épiscopal, et qu'il en resterait seul *légitime possesseur*. C'est toujours la même physionomie chez les évêques catholiques ; c'est Mgr de Boischollet répondant à l'Empereur, qui lui demandait sa croix d'évêque : « Sire, elle m'a été donnée par le Pape, lui seul peut me la redemander » ; c'est Mgr Darboy devant la Commune, brisant sa plume plutôt que de signer une pièce sur laquelle il était porté ex-archevêque de Paris.

En février 1791, Mgr d'Argentré publia une ordonnance dans laquelle il établit que les prétendus pasteurs issus de l'élection populaire, et substitués par le pouvoir temporel aux chefs légitimes, sont des intrus, dépourvus de juridiction et excommuniés.

Au mois d'avril suivant, lorsque le schisme eut été consommé, Mgr d'Argentré adressa aux fidèles de son diocèse une lettre pastorale pour leur tracer la conduite à tenir vis-à-vis des intrus, qu'ils ne devaient pas reconnaître comme véritables pasteurs, mais dont il fallait fuir la rencontre à l'égal de celle des loups dévorants.

Écoutez ses nobles et fiers accents : « Ils sont arrivés les jours de deuil et de consternation pour l'Église, de douleur pour ses ministres, de séduction pour les fidèles. Un prêtre sans titre canonique, dont l'ordination est réprouvée par l'Église et frappée de ses censures...; un prêtre sans mission et sans pouvoirs, a eu la téméraire audace d'envahir notre Église, de s'emparer de notre siége, de s'asseoir sur la chaire fondée par saint Martial, occupée jusqu'à nous par tant de saints Pontifes; d'attenter ainsi à la succession des Pasteurs légitimes !

» Ah ! malheur à nous si, oubliant l'obligation où nous sommes de donner, à l'exemple du bon Pasteur, notre vie pour nos brebis, nous demeurions dans une coupable inaction !... Non, la crainte des persécutions ni de la mort même ne nous fera donner à nos coopérateurs l'exemple funeste de la faiblesse et de la lâcheté ! »

Après cet admirable cri arraché à sa douleur et à son indignation, il invoque l'Esprit-Saint, se met sous la protection de la sainte Vierge, des Anges de son diocèse, de l'apôtre saint Martial, du diacre saint Étienne, et de tous les saints Pontifes qui ont illustré l'Église de Limoges, et dicte avec une sagesse admirable, article par article, et selon les règles du Concile de Trente, la conduite que son clergé et ses fidèles doivent tenir, et prononce avec autorité les condamnations, qui tombent d'aplomb sur les intrus et les apostats.

Tant de fermeté et de courage ne purent conjurer les derniers malheurs; et, pendant que le curé de Compreignac usurpait la houlette pastorale à Limoges, le curé de Néoux s'intronisait à Guéret... La persécution religieuse suivait de près ces abominations, et les évêques et les prêtres fidèles commençaient à prendre le chemin de l'exil. M⁰ʳ d'Argentré ne pouvait se déterminer à quitter la France : jusqu'au sein de cette tourmente il faisait, à Paris, des ordinations pour son diocèse (1); et il fallut le décret de déportation porté, le 26 août, contre tout ecclésiastique non assermenté, pour qu'il consentît à quitter sa patrie. Il se rendit d'abord en Angleterre ; et, en 1794, nous le retrouvons, auprès de son frère et de plusieurs autres évêques, à Munster, en Westphalie.

Pour dire les douleurs de l'homme de bien chassé de sa patrie, il faudrait avoir été banni de sa patrie ; pour raconter les douleurs d'un évêque arraché à son Église, il faudrait l'âme d'un pontife séparé violemment de son Épouse spirituelle. O Esprit de la douleur, vous qui nous avez révélé qu'Israël ne savait plus chanter sur la terre étrangère, dites-nous la tristesse et l'amertume des jours de nos évêques exilés, l'insomnie et la fièvre de leurs nuits. L'œil et le cœur tournés vers la France, ils attendaient, ils espéraient, ils pleuraient. M⁰ʳ d'Argentré ne pensait qu'à son diocèse : il le gouvernait par ses vicaires généraux ; son corps était là-bas, son âme était ici ! Enfin l'étoile de l'espérance semble se lever à l'horizon : le pouvoir nouveau qui vient de contenir la Révolution essaie de renouer des négociations avec le Saint-Siége ; on parle d'un concordat

---

(1) Les deux frères Barnouille furent ordonnés dans ces conditions.

qui va rétablir et régulariser les relations entre les deux pouvoirs. Réjouissez-vous, confesseurs de la foi : les portes de la patrie vont s'ouvrir devant vous ; la France, émue et repentante, va courir au-devant de ses Pères méconnus : de la frontière au seuil de vos cathédrales, chacun de vos pas sera un véritable triomphe... Hélas! hélas! ce n'est pas la fin des épreuves, c'est une nouvelle et suprême épreuve qui va surgir : le Saint-Siége, après de longues et laborieuses discussions, est obligé, pour obtenir le rétablissement du culte, le relèvement des autels, de souscrire à de dures conditions : il doit s'engager notamment à obtenir la démission de tous les titulaires des évêchés de France encore vivants.

Pie VII écrivit donc à ses frères dans l'épiscopat, presque tous en exil, pour leur révéler, avec larmes, le grand sacrifice que les malheurs des temps et l'état de l'Église l'obligeaient à leur demander. Quarante-cinq évêques répondirent en envoyant pour réponse leur démission ; d'autres, parmi lesquels il faut compter Mgr d'Argentré, représentèrent au Souverain-Pontife « que leur douleur les contraignait, malgré eux, à temporiser leur obéissance (1) ».

C'est cette réponse dilatoire qu'on a surtout reprochée à Mgr d'Argentré : il faut donc que nous en mesurions la portée.

Aujourd'hui assurément, grâce au saint Concile du Vatican, qui a confirmé et précisé les décrets du Concile de Florence, le règne des subterfuges est passé : le Chef de l'Église a reçu de Jésus-Christ, dans la personne de Pierre,

---

(1) Dom PLAINE.

immédiatement, directement, et *pour toujours,* la primauté d'honneur, la primauté de juridiction, le privilége de l'infaillibilité : cela est de foi catholique. Mais Mᵍʳ d'Argentré vivait-il en des temps aussi favorisés que les nôtres ? le quatrième article de 1682 n'était-il pas enseigné dans les écoles de France au commencement de ce siècle ? et n'avons-nous pas entendu nous-même défendre, comme opinion libre, cette proposition « que le jugement du Pape parlant *ex cathedra* n'est irréformable qu'après le consentement de l'Église ?... » (1).

Pour nous amener à l'unité dans ces hautes doctrines, quels efforts n'a-t-il pas fallu, même après les enseignements tombés de la chaire apostolique, de la part des docteurs exceptionnels suscités en France, en Italie, en Allemagne après le concordat ? Des évêques qui avaient nom Gousset de Reims, Parisis d'Arras, Berteaud de Tulle, Pie de Poitiers, Gerbet de Perpignan, n'ont-ils pas usé leur science et leur vie à nous catéchiser sur cette matière ? Un Concile général enfin a prononcé : nous avons grand mérite à croire !

Mais c'est en 1801 qu'il faut se reporter. La France sort à peine d'un chaos horrible et sanglant, la royauté a été décapitée, et ses héritiers sont dans l'exil. Un soldat heureux tient le pouvoir, et fait trembler l'Europe devant ses premières victoires. Partout des doutes, des incertitudes, des craintes ; les fausses nouvelles volent sur les quatre vents du Ciel, et c'est en ce moment que les véné-

---

(1) *Théologie de Toulouse*, II, 277, 283.

rables confesseurs de la foi entendent dire que, par un acte inouï dans l'Église, l'organisation de la vieille Église de France est détruite de fond en comble ; que leurs siéges antiques sont renversés ; que leur houlette est brisée dans leurs mains. Ah ! soyez un moment à leur place, et dites-nous, sages des temps présents, ce que vous eussiez pensé, ce que vous eussiez fait. Quant à nous, sans cesser d'exalter les héros qui n'ont pas fait attendre leur obéissance, nous ne pouvons nous déterminer à condamner ceux qui, sans refuser d'obéir, ont désiré prendre toutes les mesures inspirées par la prudence.

En effet, la réserve que Mgr d'Argentré semblait mettre dans la question de droit n'empêcha pas l'obéissance de fait à la volonté du Pape. Nous en avons pour preuve le parti qu'il prit, deux mois après sa lettre du 12 décembre 1801, de cesser tout acte de juridiction, et les avis qu'il adressa, le 20 février 1802, aux fidèles de son diocèse, parmi lesquels il était dit que, « le nouvel Évêque étant entré en fonctions avec l'autorisation du successeur de Pierre, il n'y avait plus qu'à obéir...; quant à lui, il retirait les pouvoirs aux vicaires généraux qu'il avait institués par le passé (1) ». Par ces sages et nobles mesures, il étouffait à son berceau, dans le diocèse de Limoges, le schisme de la Petite-Église.

Je sais bien qu'on a encore reproché à notre Prélat d'avoir signé, le 6 avril 1803, les *Expostulations canoniques* dans lesquelles les Évêques exilés invitaient le Pape à revenir

---

(1) *Biographie universelle.*

sur certaines clauses du concordat ; mais Rome n'a pas blâmé, que nous sachions, ces *représentations respectueuses*, dont le livre des Actes offre des exemples; d'autant qu'il ne s'agit ni de la rébellion ni du schisme des anticoncordataires, mais d'un épanchement de cœur dont la franchise, loin d'exclure la volonté d'obéir, la suppose, et qui se termine par une profession de respect et d'obéissance. Mgr d'Argentré, en effet, entretint de fraternels rapports avec son successeur, Mgr du Bourg, et son opposition, — si opposition il y a eu, pour me servir d'une expression de mon savant confrère de Rochechouart, — s'est pour ainsi dire renfermée dans sa conscience ; car, en recommandant à ses vicaires généraux d'obéir au Saint-Père, il ajoutait : « Il faut éviter jusqu'à l'ombre du schisme ». Et la délicatesse de conscience de Mgr d'Argentré allait si loin en cette matière que, dans la correspondance intime qu'il entretenait avec sa famille, et que nous avons sous les yeux, à partir de la promulgation du concordat il ne signa plus qu'*ancien évêque de Limoges*.

Si donc, M. F., vous tenez compte du temps où vécut notre illustre Évêque ; si vous songez à l'intervention des princes de Bourbon suppliant les prélats exilés de ne participer en rien à un acte qui semblait empiéter sur leurs droits (1) ; si vous réfléchissez à l'opinion commune répandue en Europe, et surtout en Allemagne, que le Pape manquait de liberté, et que ses actes étaient imposés par le Premier-Consul, vous comprendrez et vous vous garderez de condamner l'hésitation de Mgr d'Argentré en

---

(1) ARTAUD, *Hist. de Pie VII*.

face d'un de ces actes que l'Église, hélas! est presque toujours seule à signer sérieusement. N'est ce pas Pie IX qui disait à l'Évêque exilé de Genève : « *Concordata dolores Ecclesiæ* » ?

Mgr d'Argentré a donc été un grand évêque et un illustre confesseur. Il semble même que la Providence ait voulu lui réserver quelque avant-goût du martyre, par les amertumes de cœur auxquelles il fut soumis; et, pendant que, par le concordat, d'autres prélats rentraient joyeux en France, lui, en compagnie de son frère le vénérable Évêque de Séez, était condamné à manger encore le pain de l'exil. Les voyez-vous d'ici ces deux vieillards, les yeux fixés sur la frontière de la France, contemplant chaque jour en esprit leurs Églises aimées, qu'ils ne devaient plus revoir? Ah! qui nous révèlera les secrets de leurs douleurs et les accents de leurs souffrances? Ils ont mis des années pour mourir de cette maladie de nostalgie spirituelle, mais ils en sont morts *lenta tabe exhausti*. L'aîné mourut en février 1805, entre les bras de son frère, dans d'admirables sentiments de résignation. L'Évêque de Limoges lui survécut le temps nécessaire pour l'ensevelir, exécuter ses dernières volontés, distribuer aux pauvres les épaves de leur commune fortune; puis, rempli de vertus et de mérites, il mourut à son tour, le 28 mars 1808, et fut uni dans la mort à son frère, dans le cimetière de Munster, environné de l'estime et de la vénération de tous : *Etiam bonum habuit testimonium ab iis qui foris sunt*.

En face de cette tombe de son évêque, de son père, de son bienfaiteur, de son modèle, le clergé de Limoges, pour son honneur, ne fut pas silencieux : deux oraisons funèbres furent faites ; la première, dans cette ville, par M. le chanoine Legros, mort, en 1811, vicaire général de Mgr du Bourg. Voilà ce qu'il écrivait comme conclusion d'une vie dont il avait été le témoin, et dont il se faisait l'historien : « Il est à propos de mettre ici deux mots pour l'éloge de Mgr d'Argentré : on ne saurait trop lui en donner. C'est un des prélats les plus accomplis qu'ait produits l'Église de France et qu'ait possédés le siége épiscopal de Limoges. Il réunit en lui une piété éminente à la plus profonde érudition. Toutes les sciences sont de son ressort, mais en particulier celles des devoirs de son état. Il ne se montre pas moins le père et le pasteur de son peuple que le modèle de son clergé ; — affable envers tout le monde, il sait être ferme contre le vice et le déréglement ; — observateur exact de la discipline ecclésiastique, il ne désire rien tant que de la voir fleurir dans son diocèse. — Que de preuves n'a-t-il pas données de sa charité envers les pauvres dans ces dernières années de calamités, qui ont fait tant de malheureux ! et, si ses intentions avaient été suivies, Limoges ne se verrait pas aujourd'hui, comme il l'est, en proie à la voracité des usuriers qui le désolent(1). »

Je tire le second éloge funèbre de la lettre que M. de Puyférat, ancien vicaire général de Limoges et ami fidèle de Mgr d'Argentré, écrivait à Mgr du Bourg pour lui annoncer la mort de son prédécesseur :

---

(1) Manuscrits conservés au grand-séminaire.

« Monseigneur,

» J'ai l'honneur de vous écrire pour vous apprendre que nous venons de perdre Mgr Louis-Charles du Plessis d'Argentré. Il est mort avec le calme et la tranquillité qui ne peuvent venir que d'une bonne conscience ; il a conservé sa tête jusqu'au dernier moment, et il a été administré dans la nuit qui a précédé sa mort. Nous devons avoir la confiance qu'il jouit maintenant dans le Ciel de la récompense due à ses vertus, qui, chaque jour de sa longue carrière, surtout pendant son exil, ont acquis un nouveau degré de perfection. Il a conservé jusqu'au dernier soupir une affection singulière pour tous ses diocésains : personne ne peut mieux que moi en rendre témoignage, ainsi que de la satisfaction qu'il a éprouvée depuis qu'il a appris qu'ils avaient le bonheur d'être confiés à vos soins. Il a voulu en donner, à sa mort, une nouvelle preuve aussi forte que les tristes circonstances auxquelles il a été réduit ont pu le lui permettre, en léguant à *votre* cathédrale et aux pauvres de Limoges tout ce qui a pu être à sa disposition. Il m'a chargé de vous remettre 3,000 livres pour la cathédrale, et 1,000 livres pour les pauvres des paroisses de la ville. Je suis également chargé de remettre 2,000 livres aux administrateurs de l'hospice général de Limoges, et autres 2,000 livres aux Sœurs de la Charité. »

Dans un post-scriptum, M. de Puyférat donne le texte même des instructions de Mgr d'Argentré, dans lesquelles il est dit que « les 3,000 livres seront employées sous la direction de Mgr du Bourg et de MM. les Chanoines de l'église cathédrale, aux prières desquels il se recommande ».

Il était réservé à Mgr du Bourg de donner le dernier coup de pinceau au portrait de son prédécesseur. Dans sa lettre pastorale en date du 6 juillet 1802, à l'occasion de son installation solennelle, le Prélat, après s'être réjoui avec son peuple du rétablissement, en France, de la religion catholique, apostolique et romaine, ajoute : « Nous partageons, N. T.-C. F., bien sincèrement votre allégresse ; mais combien la nôtre est tempérée quand nous pensons que nous succédons à un Prélat qui sanctifia *les plus rares talents par les plus éminentes vertus !* Oh ! combien vivement nous sentons que c'est une tâche bien difficile à remplir celle de remplacer dignement un Pontife aussi vénérable ! Les établissements de charité qui ont résisté aux malheurs de la Révolution rappelleront à la postérité la plus reculée le souvenir du Père de ce diocèse, de Mgr d'Argentré. »

Tel fut l'Evêque dont le corps reposait, depuis 1808, à Munster, dans le même cimetière où primitivement il fut enterré, recevant ainsi après la mort la noble hospitalité qui lui avait été accordée durant sa vie. Aussi bien la pieuse main (1) qui est allée recueillir les restes du Prélat avait-elle mission de ne pas rompre les liens funéraires qui uniront à jamais les deux églises de Munster et de Limoges : la pierre tombale avec l'inscription qu'elle porte est venue de Westphalie ; dans la crypte de notre cathé-

---

(1) C'est M. l'abbé Haury, grand-vicaire de Saint-Nicolas-des-Champs, à Paris, et chanoine honoraire de Limoges, qui a reçu de Mgr l'Evêque de Limoges la mission de ramener de Munster les restes mortels de Mgr d'Argentré.

drale, elle recouvrira les ossements qu'elle protégeait là-bas! De cette sorte, Monseigneur, vous dormirez votre dernier sommeil comme dans la double atmosphère des églises que vous avez aimées; et, pendant que vous reposerez sur le sol béni de la France, le granit de Munster déposé sur votre front dira au ciel et à la terre, au présent et à l'avenir : « Celui-ci fut un confesseur de la foi ! »

Pour nous, pieusement agenouillé devant vos cendres, nous ne saurons prier pour le repos de votre âme sans prier pour l'Évêque de Munster, aujourd'hui exilé, et sans dire à Dieu l'hymne de la reconnaissance à l'honneur du clergé et des fidèles de Munster qui reçurent et honorèrent le Pontife exilé durant sa vie, et le conservèrent après sa mort à notre filiale vénération.

Le moment est venu, Chrétiens, de clore ce discours déjà trop long; mais comment quitter cette enceinte sans avoir recueilli des enseignements qui peuvent nous être si profitables ? Ce n'est pas à une vaine cérémonie que vous avez été conviés : la curiosité n'a rien à faire ici. Jugez plutôt par la prédication qui sort de cette bière ! Mgr d'Argentré, grand par la naissance, grand par les fonctions, grand par la fortune, fut mal défendu par ce triple rempart contre les coups du sort, et, dans l'adversité, il trouva le repos, l'honneur et la paix dans la fidélité au devoir et le respect de sa conscience. Quel exemple pour un temps où l'homme ne sait s'appuyer que sur le bras de l'homme pour traverser la vie, oublieux du précepte de l'Apôtre : « *Jacta super Dominum curam tuam, et ipse te enutriet* » !

Mgr d'Argentré vivait au sein d'une société solidement

assise sur des principes, et cette société chancela : que devons-nous penser ou craindre au sein des sociétés modernes, qui ne vivent que d'expédients ou de coups de force ? Oh! la ceinture aux reins et le bâton de voyage à la main, ne devons-nous pas fixer le Ciel, nous souvenant que les empires qui ne cherchent pas leur solidité dans la religion sont condamnés aux catastrophes? *Nisi Dominus ædificaverit domum, in vanum laboraverunt qui ædificant eam.*

Écoutez encore ! Voici des ossements ensevelis depuis trois quarts de siècle : l'Église en fait la translation. Pourquoi ? Parce qu'ils furent pénétrés par l'Esprit; parce qu'ils furent marqués du chrême; parce qu'ils ressusciteront, pour être de nouveau, et pour l'éternité, la demeure d'une âme de pontife. Quelle condamnation des doctrines matérialistes! quelle affirmation éloquente de l'immortalité de l'âme et de la responsabilité d'outre-tombe, en des temps où on a vu des corps baptisés jetés sans honneur aux vers du tombeau, comme on voit les cadavres des animaux ignominieusement jetés à la voirie!

Voyez encore quelle démarcation entre la vérité et l'erreur, entre la conduite de l'Église et les agissements de l'hérésie ! Il n'y a que quelques années (à la douleur qui nous oppresse, nous devrions dire il n'y a que quelques jours), l'Allemagne protestante envahissait notre territoire, et, après avoir vaincu, elle pesait nos milliards et emportait nos richesses. La France catholique envahit à son tour l'Allemagne, non par les armes, mais par la prière; elle ne convoite pas l'or, elle demande seulement les ossements blanchis de ses pères dans la foi; rappelant ainsi le monde en révolution au culte de la vertu, au respect de l'autorité, au principe des hiérarchies, sans lesquels nous périrons, déshonorés, dans les hontes du despotisme ou les convulsions de la licence !...

Enfin, devant les restes de cette victime des divisions fomentées par l'esprit révolutionnaire entre l'Église et l'État, il est difficile de ne pas déplorer la légèreté de ceux qui parlent si inconsidérément, à l'heure présente, d'une séparation imminente entre l'Église et l'État.

L'union de l'Église et de l'État est rigoureusement nécessaire dans une certaine limite : tous les philosophes, tous les moralistes, tous les politiques, l'ont reconnu, et le génie le plus autoritaire des temps modernes, celui qui pour se donner un trône n'eut besoin que de sa valeur, ne crut pas pouvoir conserver l'autorité sans faire appel à l'idée religieuse, sans invoquer l'Église catholique, qui la représente seule dans son intégrité.

En sorte, M. F., que vous pouvez jugez par là de la puissance et du vide tout à la fois de certains mots en France ; car, si, pour faire intervenir le Pape dans les affaires spirituelles de son pays, on est *ultramontain*, Napoléon Ier est le plus grand des ultramontains.

Et c'est à vous, Monseigneur, que nous devons ces hautes leçons. Ah! n'est-ce pas le cas de dire que les quatre années de votre épiscopat sont un cadre trop restreint pour le tableau de vos œuvres, un parchemin trop étroit pour qu'il soit possible d'y relater vos actes ? Armé de la parole, qui est votre glaive, vous avez parcouru en vainqueur votre vaste diocèse, proclamant la vérité et confondant l'erreur ou le vice. Prenant ensuite la truelle, vous avez érigé des paroisses, fondé des colléges, entrepris l'achèvement de votre cathédrale, et c'est au milieu

— 31 —

de cette activité féconde que vous vous arrêtez un moment : *abiit David !* Votre brillant sacerdoce vous paraît amoindri tant qu'un de vos prédécesseurs reste privé des honneurs de son église. De concert avec vos frères S. E. le Cardinal de Rouen et Mgr l'Évêque de Séez, vous allez chercher les dépouilles de Saül et de Jonathas : *et asportavit inde ossa Saül et ossa Jonathæ, filii ejus ;* vous rassemblez les membres de ceux qui souffrirent pour les péchés du peuple et confessèrent pour notre exemple la foi de Jésus-Christ : *colligentes ossa eorum qui affixi fuerant ;* vous les ensevelissez enfin dans la terre de Benjamin et dans le tombeau de Cis, la souche apostolique : *sepelierunt ea in terra Benjamin, in sepulcro Cis, patris ejus.* De cette façon, la Justice et la Miséricorde se sont embrassées, la Patrie a eu ses victimes, l'Eglise ses martyrs et ses confesseurs ; la leçon a été donnée : plaise à Dieu qu'elle soit comprise ! Qu'il se lève désormais le soleil de la réconciliation : Dieu a pardonné à la terre : *Feceruntque omnia quæ præceperat rex, et repropitiatus est Deus terræ post hæc* (1).

Amen !

---

(1) *Rois,* liv. II, ch. XXI, v. 12, 13, 14.

SE VEND **1** FR.

au profit de l'Église Sainte-Valérie.

www.ingramcontent.com/pod-product-compliance
Lightning Source LLC
Chambersburg PA
CBHW060508050426
42451CB00009B/875